Você Pode Ser
Otimista!

Você Pode Ser Otimista!
A vida é o que fazemos dela

Texto
Carmen Fisher

Ilustrações
Rolf Bunse

Editora Pensamento
SÃO PAULO

Se limão é o que o destino resolveu lhe dar...
Que tal engarrafar a sua má sorte e montar uma linha de produção?
Olha a limonada! Quem quer limonada?!

Prefácio

"Para os otimistas, a vida não é problema; é solução!"
Marcel Pagnol

Otimista é aquele sujeito que sabe tirar proveito das situações... Farejando especialmente aquelas que, para todos os outros mortais, são apenas motivos de aborrecimento...
Este livro levará você a olhar a vida de uma perspectiva mais ampla, e alegrar-se com as grandes e pequenas surpresas que ela lhe reserva. Às vezes, basta olhar uma situação de outro ângulo para reconhecer que até nos piores aborrecimentos pode existir uma grande oportunidade...

Uma manhã chuvosa...

Há quanto tempo você não toma um banho de chuva?
Daqueles de lavar a alma? Então que tal aproveitar
para vestir uma capa de chuva e divertir as crianças,
saltando nas poças d'água, sem medo de se molhar?

Trabalhando muito...

O que não o impede de dar uma paradinha de vez em quando, reclinar na cadeira e reviver algum momento feliz da sua vida, como se estivesse assistindo a um filme. Depois volte ao trabalho com a certeza de que você está fazendo o melhor e será recompensado por isso...

Errou o caminho...

Com certeza, é porque o destino deu de achar que você estava precisando ver coisas diferentes... Ou quem sabe foi obra do seu anjo da guarda que, na pressa para livrar você de uma possível tragédia, acabou se atrapalhando?

Outra fila interminável...

Boa hora para testar a eficácia de todos aqueles livros lidos e esquecidos sobre como fazer amigos e influenciar pessoas... em vez de se deixar afetar pelo estado de espírito sombrio e mal-humorado das pessoas à sua volta...

Elevador quebrado...

Dizem que subir escadas é um ótimo exercício para o coração...
Pois o efeito deve ser ainda melhor se for carregando nos braços o amor da sua vida...

Atrasado para uma importante reunião de trabalho...

É hora de pôr seus talentos em ação e fazer algo para mudar o clima da reunião e arrancar sorrisos daquela gente sisuda!

Nenhuma ideia original...

Também não é pra menos em meio a todo esse barulho!
Seu cérebro, como o de todos os gênios, precisa estar relaxado para
— Eureca! — enfim ocorrer o tão esperado estalo criativo.

Quando a Groenlândia é aqui...

Uma massa de ar polar sobre a cidade? Até que enfim uma oportunidade para tirar as luvas e o casaco do fundo do armário e matar a velha curiosidade de conhecer a vida dos esquimós.

Falta de vaga para estacionar...

Vamos aproveitar para perder as gordurinhas extras. Como era mesmo que diziam os antigos? Corpo são, mente sã... Ou sua versão mais atualizada: mente quieta, espinha ereta e... um coração tranquilo...

Ao primeiro atchim!...

Ainda que contrariado, no fundo, você esfrega as mãos de satisfação. Até que enfim. Um pouco de paparico, ainda que acompanhado de um chá de alho, não faz mal a ninguém...

Seu restaurante preferido está fechado...

Mas veja isso pelo lado positivo! Enfim, a desculpa perfeita para fazer algo diferente, como provar o cachorro-quente do quiosque mais famoso das redondezas...

Nada que presta para ver na televisão...

Pois você devia era agradecer à falta de imaginação da TV... pela oportunidade de desfrutar a companhia da pessoa que ama e descobrir que a relação pode ficar ainda mais quente...

Para enfrentar o trânsito congestionado...

Você pode escolher uma das seguintes alternativas: aproveitar para se espreguiçar e, se demorar muito, até tirar um cochilo; sentar em cima do carro em postura de meditação e ficar entoando um ooooooooom tão alto que consiga abafar todas as sirenes e buzinas; ou calcular os ganhos e perdas a declarar para o imposto de renda, e se alegrar com o valor da restituição...

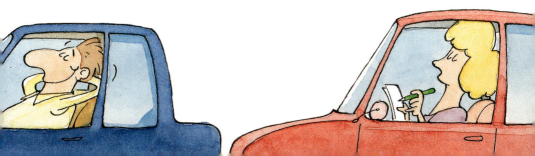

Está com dor de dente e a recomendação do dentista é tomar algo gelado...

Que bom! A lembrança dele, cavando um túnel na sua boca, pode ser substituída pela visão de uma montanha de sorvete com uma baita cereja no topo...

Quando uma nuvem de tédio surgir no horizonte...

Não fique parado. Mais do que depressa, aproveite para fazer tudo o que sempre quis, mas nunca teve coragem!

O chefe lhe passa uma pilha de trabalho...

Fique feliz e nada de mau humor e cara feia. Isso só significa que você é um funcionário exemplar, digno de confiança e que muito em breve poderá desfrutar das suas tão merecidas férias, quem sabe até com uma gratificação no bolso...

Uma pedra no sapato...

É apenas uma pedra no sapato. Um bom motivo, aliás, para se sentar, descansar um pouco e livrar-se logo também dos sapatos. Com os pés à vontade, você não vai mais nem lembrar que existem coisas como sapato, pedra ou pedra no sapato...

E quando tudo fica escuro...

O que há de errado nisso?
Pois é quando podemos contar as estrelas...

Título original: *Zum Glück Optimist*

Copyright das ilustrações © 2007 *Verlag Herder Freiburg im Breisgau*. www.herder.de

Copyright do texto © 2009 Editora Pensamento-Cultrix Ltda.

Ilustrações originalmente publicadas no livro Zum Glück Optimist — Leben ist, was wir draus machen, de Tania Konnerth.

Todos os direitos reservados. Nenhuma parte deste livro pode ser reproduzida ou usada de qualquer forma ou por qualquer meio, eletrônico ou mecânico, inclusive fotocópias, gravações ou sistema de armazenamento em banco de dados, sem permissão por escrito, exceto nos casos de trechos curtos citados em resenhas críticas ou artigos de revistas.

A Editora Pensamento-Cultrix Ltda. não se responsabiliza por eventuais mudanças ocorridas nos endereços convencionais ou eletrônicos citados neste livro.

Dados Internacionais de Catalogação na Publicação (CIP)
(Câmara Brasileira do Livro, SP, Brasil)

Fisher, Carmen
   Você pode ser otimista! : a vida é o que fazemos dela / texto Carmen Fisher ; ilustrações Rolf Bunse. — São Paulo : Pensamento, 2009.

   ISBN 978-85-315-1584-2

   1. Atitude (Psicologia) 2. Atitude — Mudança 3. Autoajuda — Técnicas 4. Conduta de vida 5. Desenvolvimento pessoal 6. Otimismo I. Bunse, Rolf. II. Título.

09-05158   CDD-158.1

Índices para catálogo sistemático:
1. Atitudes : Mudança : Psicologia aplicada 158.1
2. Atitudes : Otimismo : Psicologia aplicada 158.1

O primeiro número à esquerda indica a edição, ou reedição, desta obra. A primeira dezena à direita indica o ano em que esta edição, ou reedição, foi publicada.

Edição

1-2-3-4-5-6-7-8-9-10-11

Ano

09-10-11-12-13-14-15-16-17

Direitos reservados adquiridos com exclusividade pela
EDITORA PENSAMENTO-CULTRIX LTDA.
Rua Dr. Mário Vicente, 368 — 04270-000 — São Paulo, SP
Fone: 2066-9000 — Fax: 2066-9008 — E-mail: pensamento@cultrix.com.br
http://www.pensamento-cultrix.com.br

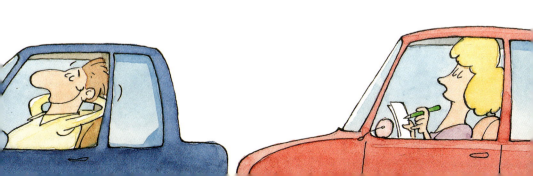

Impressão e Acabamento